WEST CHICAGO PUBLIC LIBRARY DISTRICT

3 6653 00129 6825

3/
04

W9-BZT-239

8/09 corner of each fly page ripped-cs

12.95

West Chicago Public Library District
118 West Washington
West Chicago, IL 60185-2803
Phone # (630) 231-1552

Ruedas, alas y agua

Camiones de bomberos

Heather Miller
Traducción de Patricia Cano

Heinemann Library
Chicago, Illinois

© 2003 Heinemann Library
a division of Reed Elsevier Inc.
Chicago, Illinois

Customer Service 888-454-2279
Visit our website at www.heinemannlibrary.com

All rights reserved. No part of this publication may be reproduced or transmitted in any form or by any means, electronic or mechanical, including photocopying, recording, taping, or any information storage and retrieval system, without permission in writing from the publisher.

Designed by Sue Emerson, Heinemann Library; Page layout by Que-Net Media
Printed and bound in the United States by Lake Book Manufacturing, Inc.
Photo research by Amor Montes De Oca

07 06 05 04 03
10 9 8 7 6 5 4 3 2 1

Library of Congress Cataloging-in-Publication Data
Miller, Heather.
 [Fire Trucks. Spanish]
 Camiones de bomeros / Heather Miller; traducción de Patricia Cano
  p. cm. — (Ruedas, alas y agua)
Includes index.
Contents: What are fire trucks? – What do fire trucks look like? – What are fire trucks made of? – How did fire trucks look long ago? – What is a pumper truck? – What is a ladder truck? – What is a grass truck? – What is a Haz-Mat truck? – What special fire trucks are there? – Quiz – Picture glossary.
 ISBN 1-4034-0920-X (HC), 1-4034-3531-6 (Pbk.)
 1. Fire engines—Juvenile literature. [1. Fire engines. 2. Spanish language materials .] I. Title. II. Series.
 TH 9372.M5518 2003
 629.225—dc 21

2002192166

Acknowledgments
The author and publishers are grateful to the following for permission to reproduce copyright material:
p. 4 Bud Titlow/Visuals Unlimited; pp. 5, 6, 9 Amor Montes de Oca; pp. 7, 12, 14, 15, 22, 24 Gary Benson; p. 8 Kirk Schlea/Bruce Coleman, Inc; p. 10 Museum of History & Industry/Corbis; p. 11 Minnesota Historical Society/Corbis; p. 13 David Overcash/Bruce Coleman Inc.; p. 16 Daniel D. Lamoreux/Visuals Unlimited; p. 17 James E. Mahan/AP Wide World Photos; p. 18 Orlin Wagner/AP Wide World Photos; p. 19 Kimm Anderson/AP Wide World Photos; p. 20 Jean-Marc Giboux/Getty Images; p. 21 Courtesy of Pierce Manufacturing Inc., WI; p. 23 row 1 (L-R) Amor Montes de Oca, Gary Benson, Amor Montes de Oca; row 2 (L-R) Courtesy Dennis Wetherhold Jr., Courtesy of Pierce Manufacturing Inc., WI, row 3 (L-R) PhotoDisc, Minnesota Historical Society/Corbis, Bud Titlow/Visuals Unlimited; back cover (L-R) Courtesy of Pierce Manufacturing Inc., WI, Gary Benson

Cover photograph by George Hall/Corbis

Every effort has been made to contact copyright holders of any material reproduced in this book. Any omissions will be rectified in subsequent printings if notice is given to the publisher.

Special thanks to our advisory panel for their help in the preparation of this book:

Anita R. Constantino
Reading Specialist
Irving Independent School District
Irving, TX

Argentina Palacios
Docent
Bronx Zoo
New York, NY

Ursula Sexton
Researcher, WestEd
San Ramon, CA

Aurora Colón García
Literacy Specialist
Northside Independent School District
San Antonio, TX

Leah Radinsky
Bilingual Teacher
Inter-American Magnet School
Chicago, IL

Unas palabras están en negrita, **así.**
Las encontrarás en el glosario en fotos de la página 23.

Contenido

¿Qué son los camiones de bomberos?

Los camiones de bomberos son **vehículos** para apagar incendios.

Llevan personas y cosas.

volante

pedales

Los bomberos manejan los camiones con pedales.

Conducen con el **volante**.

¿Cómo son los camiones de bomberos?

Los camiones de bomberos son **rectángulos** largos.

Muchos son de color rojo.

Los camiones de bomberos tienen
luces que destellan.

Los números dicen de qué estación
de bomberos es el camión.

¿De qué son los camiones de bomberos?

cromo

llanta

Los camiones de bomberos son de metal.

Las partes brillantes son de un metal que se llama cromo.

tablero

El **tablero** y el **volante** son
de plástico.

Las llantas son de caucho.

¿Cómo eran hace tiempo?

Los primeros camiones de bomberos parecían coches de caballos.

Los bomberos bombeaban el agua a mano.

campana

Después, el agua se bombeaba con **máquinas de vapor**.

Los camiones tenían campanas en vez de sirenas.

¿Qué es un camión de bombeo?

| mangueras | tanque de agua |

Un camión de bombeo tiene tanques de agua.

Lleva mangueras.

Bombea agua por las mangueras.

Los bomberos conectan las mangueras a **tomas de agua**.

¿Qué es un camión de escalera?

Un camión de escalera lleva escaleras para los bomberos.

Con las escaleras los bomberos pueden acercarse a edificios altos.

estabilizadores

La escalera se alza con un motor.

El camión tiene **estabilizadores**
para que no se voltee.

¿Qué es un camión de campo?

tanque de agua

Un camión de campo apaga incendios en los campos.

Lleva tanques llenos de agua.

El camión de campo avanza entre
el pasto quemado.

Los bomberos echan agua del camión
para apagar el incendio.

¿Qué es un camión Haz-Mat?

Un **camión Haz-Mat** lleva equipo para limpiar derrames.

Lleva trajes especiales que protegen a los bomberos.

Unos camiones Haz-Mat
tienen regaderas.

Ahí se bañan las personas que
estaban cerca del derrame.

¿Hay camiones de bomberos especiales?

Los camiones de bomberos de aeropuertos son muy grandes.

Se usan cuando un avión tiene un accidente.

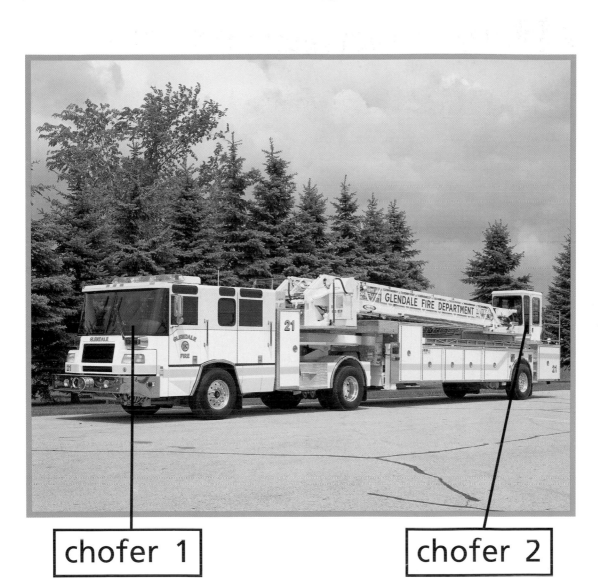

chofer 1

chofer 2

Los **camiones acoplados** son
camiones de escalera muy largos.

Se necesitan dos choferes
para manejarlos.

21

Prueba

¿Sabes qué camión de bomberos es éste?

¡Búscalo en el libro!

Busca la respuesta en la página 24.

Glosario en fotos

tablero
página 9

estabilizador
página 15

volante
páginas 5, 9

**camión
Haz-Mat**
página 18

rectángulo
página 6

**camión
acoplado**
página 21

**toma
de aqua**
página 13

**máquina
de vapor**
página 11

vehículo
página 4

Nota a padres y maestros

Leer para buscar información es un aspecto importante del desarrollo de la lectoescritura. El aprendizaje empieza con una pregunta. Si usted alienta a los niños a hacerse preguntas sobre el mundo que los rodea, los ayudará a verse como investigadores. Cada capítulo de este libro empieza con una pregunta. Lean la pregunta juntos, miren las fotos y traten de contestar la pregunta. Después, lean y comprueben si saus predicciones son correctas. Piensen en otras preguntas sobre el tema y comenten dónde pueden buscar la respuesta. El símbolo de vehículo en el glosario en fotos es un camión de bomberos. Explique que un vehículo es algo que lleva personas o cosas de un lugar a otro. Unos vehículos, como los carros, tienen motores; otros no tienen.

Índice

Respuesta de la página 22
Es un camión de escalera.